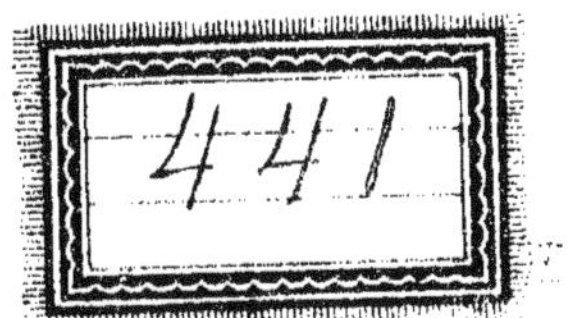

22 juin 1910

99 P

MERCREDI 22 JUIN 1910

HOTEL DROUOT, Salle 10

2 heures

TABLEAUX

Modernes

AQUARELLES, PASTELS

DESSINS

COMMISSAIRE-PRISEUR

Mᵉ F. LAIR-DUBREUIL

EXPERT

M. GEORGES PETIT

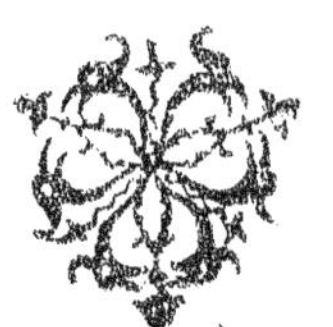

CATALOGUE

DES

TABLEAUX

MODERNES

PAR

BALLAVOINE, BILLOTTE-LEGRAND, BOUDIN (E.), BRETON (ÉMILE)
CHINTREUIL, COURBET
DEFAUX, DELPY (H.-C.), DETAILLE (E.), DUEZ, DUPRAY, DUVIEUX
FRANÇAIS, GUILLEMET, HENNER, INNOCENTI, JAPY, KREYDER
LÉPINE (S.), LEROY, LUMINAIS, PINCHART
PISSARRO, RIBOT, RICHET (LÉON), ROLL, STEVENS (A.)
TROUILLEBERT, TRUCHET (A.), VEYRASSAT
VOLLON, ZIEM, ETC.

Aquarelles, Pastels, Dessins

DONT LA VENTE AUX ENCHÈRES PUBLIQUES AURA LIEU

HOTEL DROUOT, SALLE Nº 10

Le Mercredi 22 Juin 1910

à deux heures

COMMISSAIRE-PRISEUR
Me LAIR-DUBREUIL
6, rue Favart, 6

EXPERT
M. GEORGES PETIT
8, rue de Sèze, 8

EXPOSITION PUBLIQUE

Le Mardi 21 Juin 1910, de 2 heures à 6 heures.

CONDITIONS DE LA VENTE

Elle sera faite au comptant.

Les Acquéreurs paieront *dix pour cent* en sus des enchères.

Paris. — Imp. Georges Petit. — 20798-10.

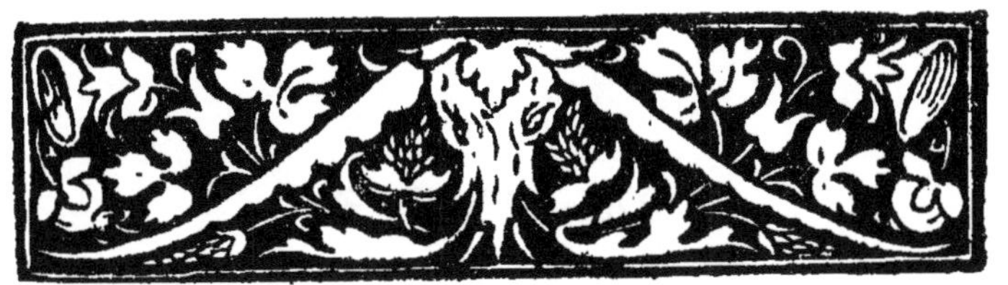

DÉSIGNATION

TABLEAUX

BAHIEU

1 — *Intérieur de bergerie.*

Signé à gauche, en bas.

Toile. Haut., 63 cent.; larg., 90 cent.

BAHIEU

2 — *Intérieur de bergerie.*

Signé à gauche, en bas.

Toile. Haut., 56 cent.; larg., 79 cent.

BAHIEU

3 — *Poulailler.*

Signé à droite, en bas.

Toile. Haut., 38 cent.; larg., 55 cent.

BALLAVOINE

4 — *La Jeune artiste.*

Signé à gauche, en bas.

Toile. Haut., 40 cent.; larg., 27 cent.

BILLOTTE-LEGRAND

5 — *Tête de femme.*

Toile. Haut., 40 cent.; larg., 32 cent.

BISBING

6 — *Au Pâturage.*

Signé à droite.

Toile. Haut., 46 cent.; larg., 60 cent.

BONFILS

7 — *Buste de femme blonde.*

Signé à gauche, en bas.

Toile. Haut., 54 cent.; larg., 44 cent.

BONFILS

8 — *Nymphe.*

Signé à gauche, en bas.

Toile. Haut., 75 cent.; larg., 1 m. 50.

BOUDIN

9 — *Rouen, vue prise du Cours-la-Reine, le soir.*

Signé à gauche et daté : *95.*

Toile. Haut., 46 cent.; larg., 65 cent.

BOUDIN

10 — *Trouville, vue prise de Deauville.*

Signé à gauche, en bas, et daté : *96.*

Toile. Haut., 40 cent.; larg., 55 cent.

BRETON (Emile)

11 — *Lever de lune.*

Signé à droite, en bas.

Toile. Haut., 75 cent.; larg., 1 m. 17.

BRUN (Raoul)

12 — *Port-Vendres.*

Signé à droite, en bas.

Toile. Haut., 60 cent.; larg., 95 cent.

CHINTREUIL

13 — *Lever de l'aurore après une nuit d'orage.*

Signé à droite, en bas.

Toile. Haut., 32 cent.; larg., 52 cent.

CHRÉTIEN

14 — *Nature morte.*

Signé à droite et daté : *91*.

Toile. Haut., 40 cent.; larg., 31 cent.

COURBET

15 — *La Cascade en forêt.*

Signé à droite, en bas.

Toile. Haut., 61 cent.; larg., 50 cent.

DAYROLLE

16 — *Faneuses bretonnes.*

Signé à droite, en bas.

Toile. Haut., 43 cent.; larg., 55 cent.

DEFAUX

17 — *Le Vieux puits.*

Signé à gauche, en bas.

Toile. Haut., 56 cent.; larg., 45 cent.

DELACOUR

18 — *Paysage.*

Signé à gauche, en bas.

Toile. Haut., 37 cent.; larg., 53 cent.

DELAUNAY

19 — *Cuirassiers à la revue.*

Signé à droite, en bas.

Panneau. Haut., 26 cent.; larg., 35 cent.

DELPY (H.-C.)

20 — *Maison du vieux Paris au Pollet.*

Signé à gauche, en bas.

Panneau. Haut., 58 cent.; larg., 33 cent.

DETAILLE (E.)

21 — *Les Blessés (Fragment du panorama).*

Signé à gauche, en bas.

Toile. Haut., 48 cent.; larg., 65 cent.

DE DREUX (Attribué à Alfred)

22 — *Chevaux à l'abreuvoir.*

Signé à droite, en bas.

Toile. Haut., 31 cent.; larg., 38 cent.

DUEZ

23 — *Misère.*

Signé à gauche, en bas, et daté : *1874.*

Toile. Haut., 1 m. 90; larg., 32 cent.

DUPRAY

24 — *Une Revue. L'Inspection du maréchal.*

Signé à droite, en bas.

Toile. Haut., 72 cent.; larg., 58 cent.

DUVIEUX

25 — *Venise.*

Signé à gauche, en bas.

Toile. Haut., 38 cent.; larg., 64 cent.

DUVIEUX

26 — *Venise.*

Signé à gauche, en bas.

Toile. Haut., 38 cent.; larg., 64 cent.

ÉCOLE DE 1830

DEUX PENDANTS

27 — *Le Déjeuner sur l'herbe.*

28 — *La Promenade sous bois.*

Toiles. Haut., 31 cent.; larg., 40 cent.

ENGLER

29 — *Chiens au repos.*

Signé à droite, en bas.

Toile. Haut., 34 cent.; larg., 45 cent.

ENGLER

30 — *Chiens au repos.*

Signé à droite, en bas.

Toile. Haut., 34 cent.; larg., 45 cent.

ENGLER

31 — *Retour du travail.*

Signé à droite, en bas.

Toile. Haut., 31 cent.; larg., 45 cent.

FRANÇAIS

32 — *Dans la clairière.*

Signé à gauche, en bas, et daté : *1880*.

Panneau. Haut., 36 cent.; larg., 44 cent.

GRENET (L.)

33 — *Le Modèle.*

Signé à droite, en bas.

Toile. Haut., 54 cent; larg., 36 cent.

GUDIN

34 — *Marine.*

Signé à droite, en bas, et daté : *1831*.

Toile. Haut., 24 cent.; larg., 31 cent.

GUDIN

35 — *Marine.*

Signé à gauche, en bas, et daté : *1836.*

Toile. Haut., 22 cent.; larg., 32 cent.

GUILLEMET

36 — *Fin de novembre.*

Signé à droite, en bas.

Toile. Haut., 66 cent.; larg., 93 cent.

HENNER

37 — *Jeune fille en prière.*

Toile. Haut., 45 cent.; larg., 32 cent.

HÉREAU (Jules)

38 — *Marine.*

Signé à droite, en bas.

Toile. Haut., 26 cent.; larg., 40 cent.

INCONNU

39 — *Enfant de chœur.*

Toile. Haut., 92 cent.; larg., 72 cent.

INCONNU

40 — *Femme à sa toilette.*

Toile. Haut., 44 cent.; larg., 35 cent.

INCONNU

41 — *Tête d'enfant.*

Toile. Haut., 48 cent.; larg., 33 cent.

INNOCENTI

42 — *Le Galant audacieux.*

Signé à droite.

Panneau. Haut., 26 cent.; larg., 20 cent.

JAPY

43 — *La Baie de la Seine.*

Signé à droite, en bas.

Toile. Haut., 54 cent.; larg., 64 cent.

KREYDER (Alexis)

44 — *Pêches et raisins.*

Signé à gauche, en bas.

Toile. Haut., 66 cent.; larg., 54 cent.

LADIAU (?)

45 — *Chiens à l'attache.*

Signé à droite, en bas.

Carton. Haut., 17 cent.; larg., 32 cent.

LÉPINE (S.)

46 — *Le Troupeau en plaine.*

Signé à gauche.

Panneau. Haut., 16 cent.; larg., 30 cent.

LEROY

47 — *Panier de chats.*

Signé à droite, en bas.

Toile. Haut., 38 cent.; larg., 58 cent.

LUMINAIS

48 — *Femmes dans une église.*

Signé à gauche, en bas.

Toile. Haut., 45 cent.; larg., 37 cent.

LUMINAIS

49 — *Le Pêcheur.*

Signé à droite, en bas.

Panneau. Haut., 23 cent.; larg., 35 cent.

MELIN (S.)

50 — *Lévrier.*

Signé à droite et daté : *74.*

Toile. Haut., 30 cent.; larg., 36 cent.

PETITJEAN (E.)

51 — *La Mare auprès de la ferme.*

Signé à droite, en bas.

Toile. Haut., 48 cent.; larg., 68 cent.

PETITJEAN (E.)

52 — *Marseille.*

Signé à gauche, en bas.

Toile. Haut., 48 cent.; larg., 68 cent.

PINCHART

53 — *Musicienne.*

Signé à droite, en bas.

Toile. Haut., 57 cent.; larg., 40 cent.

PISSARRO

54 — *Le Chemin au bord de la rivière.*

Signé à gauche, en bas.

Toile. Haut., 25 cent.; larg., 32 cent.

PRINTEMPS (L.)

55 — *Nymphe.*

Signé à droite, en bas.

Toile. Haut., 44 cent.; larg., 34 cent.

RIBIOVSKY

56-57 — *Deux paysages.*

Signés en bas.

Toiles. Haut., 12 cent.; larg., 17 cent.

RIBOT

58 — *La Lecture.*

Signé à gauche, en bas.

Toile. Haut., 45 cent.; larg., 37 cent.

RIBOT

59 — *Vieille femme lisant.*

Signé à droite, en bas.

Toile. Haut., 55 cent.; larg., 46 cent.

RICHET (Léon)

60 — *La Rivière.*

Signé à gauche, en bas.

Toile. Haut., 63 cent.; larg., 92 cent.

RICHOMME

61 — *L'Astronomie.*

62 — *La Musique.*

Signés à droite, en bas.

Toiles. Haut., 1 m. 55 ; larg., 1 m. 75.

ROLL

63 — *Étude de mer.*

Signé à gauche, en bas.

Toile. Haut., 45 cent.; larg., 60 cent.

SCHOMMER

64 — *Tête de femme brune.*

Signé à droite, en haut.

Toile. Haut., 45 cent.; larg., 37 cent.

STEVENS (A.)

65 — *Marine.*

Signé à droite, en bas.

Panneau. Haut., 23 cent.; larg., 32 cent.

THIVET

66 — *Femme vue de profil.*

Signé à gauche, en haut.

Panneau. Haut., 38 cent.; larg., 31 cent.

TROUILLEBERT

67 — *Un Matin au bord de la Vienne.*

Signé à gauche, en bas.

Toile. Haut., 47 cent.; larg., 39 cent.

TRUCHET (Abel)

68 — *Grisette.*

Signé à droite, en bas.

Toile. Haut., 22 cent.; larg., 16 cent.

TRUCHET (Abel)

69 — *Le Moulin-Rouge.*

Signé à droite, en bas.

Toile. Haut., 46 cent.; larg., 61 cent.

VERBOCKHOVEN (Louis)

70 — *En mer.*

Signé à gauche.

Panneau. Haut., 19 cent.; larg., 28 cent.

VERBOCKHOVEN (Louis)

71 — *Marine.*

Signé à droite, en bas, et daté : *1833*.

Panneau. Haut., 22 cent.; larg., 32 cent.

VEYRASSAT

72 — *Le Puits.*

Signé à gauche, en bas.

Panneau. Haut., 31 cent.; larg., 23 cent.

VOLLON

73 — *Fleurs dans un vase.*

Signé à gauche, en bas.

Toile. Haut., 46 cent.; larg., 37 cent.

ZIEM

74 — *Les Régates.*

Signé à droite, en bas.

Panneau. Haut., 43 cent.; larg., 68 cent.

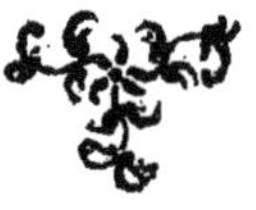

AQUARELLES

PASTELS — DESSINS

AURANT

75 — *Vue du vieux Paris.*

Aquarelle.

Signée à gauche, en bas.

Haut., 19 cent.; larg., 31 cent.

ENJOLRAS (Delphin)

76 — *Buste de femme rousse.*

Pastel.

Signé à gauche, en bas.

Haut., 46 cent.; larg., 38 cent.

ENJOLRAS (Delphin)

77 — *Portrait de femme brune.*

Pastel.

Signé à droite, en haut.

Haut., 38 cent.; larg., 46 cent.

GIBAT

78 — *Le Port.*

Aquarelle.

Signée à gauche, en bas.

Haut., 18 cent.; larg., 45 cent.

MAROLD

79 — *Souci.*

Aquarelle.

Signée à droite, en bas.

Haut., 35 cent.; larg., 23 cent.

MISTI

80 — Dans un cadre : *Cinq sépias pour une illustration.*

MONTZEIGLE

81 — *Femme à sa toilette.*

Aquarelle.
Signée à gauche, en haut.

Haut., 6 cent.; larg., 12 cent.

PICABIA

82 — *Villeneuve-sur-Yonne.*

Dessin.
Signé à droite et daté : *1907*.

Haut., 25 cent. 1/2; larg., 19 cent.

ROSSERT

83 — *Coucher de soleil en mer.*

Aquarelle.
Signée à droite, en bas.

Haut., 31 cent.; larg., 44 cent.

ROSSERT

84 — *Le Soir dans le port.*

Aquarelle.
Signée à droite.

Haut., 31 cent.; larg., 44 cent.

ROSSERT

85 — *Exposition de 1900. Les Pavillons étrangers.*

Aquarelle.

Signée.

ROSSERT

86 — *L'Exposition de 1900. Pont Alexandre-III.*

Aquarelle.

Signée.

WARGOUTZ

DEUX PENDANTS

87 — *Assiette de raisins.*

88 — *Pêches et prunes.*

Aquarelles.

Signées.

Haut., 22 cent.; larg., 33 cent.

WARGOUTZ

89 — *Chrysanthèmes et journal.*

Aquarelle.

Signée à droite, en bas.

Haut., 22 cent. ; larg., 34 cent.

WARGOUTZ

90 — *Vase de fleurs.*

Aquarelle.

Signée à droite, en bas.

Haut., 44 cent.; larg., 32 cent.

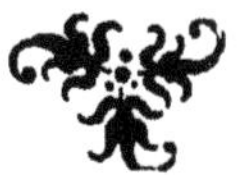

www.ingramcontent.com/pod-product-compliance
Ingram Content Group UK Ltd.
Pitfield, Milton Keynes, MK11 3LW, UK
UKHW020533180726
13839UKWH00005B/2489

9 782329 543581